DESPRETENSIOSAMENTE

Editora Appris Ltda.
1.ª Edição - Copyright© 2022 do autor
Direitos de Edição Reservados à Editora Appris Ltda.

Nenhuma parte desta obra poderá ser utilizada indevidamente, sem estar de acordo com a Lei nº 9.610/98. Se incorreções forem encontradas, serão de exclusiva responsabilidade de seus organizadores. Foi realizado o Depósito Legal na Fundação Biblioteca Nacional, de acordo com as Leis nos 10.994, de 14/12/2004, e 12.192, de 14/01/2010.

Catalogação na Fonte
Elaborado por: Josefina A. S. Guedes
Bibliotecária CRB 9/870

A646d 2022	Appelt, Pablo Andrei Despretensiosamente / Pablo Andrei Appelt. - 1. ed. - Curitiba: Appris, 2022. 41 p. : il. ; 21 cm. ISBN 978-65-250-3696-0 1. Poesia brasileira. 2. Mensagens. I. Título. CDD - 869.1

Appris editora

Editora e Livraria Appris Ltda.
Av. Manoel Ribas, 2265 – Mercês
Curitiba/PR – CEP: 80810-002
Tel. (41) 3156 - 4731
www.editoraappris.com.br

Printed in Brazil
Impresso no Brasil

PABLO ANDREI APPELT

DESPRETENSIOSAMENTE

FICHA TÉCNICA

EDITORIAL   Augusto Vidal de Andrade Coelho
Sara C. de Andrade Coelho

COMITÊ EDITORIAL   Marli Caetano
Andréa Barbosa Gouveia (UFPR)
Jacques de Lima Ferreira (UP)
Marilda Aparecida Behrens (PUCPR)
Ana El Achkar (UNIVERSO/RJ)
Conrado Moreira Mendes (PUC-MG)
Eliete Correia dos Santos (UEPB)
Fabiano Santos (UERJ/IESP)
Francinete Fernandes de Sousa (UEPB)
Francisco Carlos Duarte (PUCPR)
Francisco de Assis (Fiam-Faam, SP, Brasil)
Juliana Reichert Assunção Tonelli (UEL)
Maria Aparecida Barbosa (USP)
Maria Helena Zamora (PUC-Rio)
Maria Margarida de Andrade (Umack)
Roque Ismael da Costa Güllich (UFFS)
Toni Reis (UFPR)
Valdomiro de Oliveira (UFPR)
Valério Brusamolin (IFPR)

SUPERVISOR DA PRODUÇÃO   Renata Cristina Lopes Miccelli

ASSESSORIA EDITORIAL   Tarik de Almeida

REVISÃO   Paulo Cezar Machado Zanini Junior

PRODUÇÃO EDITORIAL   William Rodrigues

DIAGRAMAÇÃO   Bruno Ferreira Nascimento

CAPA   Sheila Alves

ILUSTRAÇÕES   Foster Caldas
@fostercaldas
ilustrafoster@gmail.com

Para Letícia e Valentina

Ilustração de Valentina Beatriz Canabarro Appelt

PREFÁCIO

Este é o desvencilhar das cortinas. A abertura de um livro é o estado puro da iminência. O leitor, expectando as palavras que virão, manifesta a mais drástica forma de entregar-se. O que virá? Ler é guiar na neblina. É dura a pedra da verdade: o inesperado é absolutamente tudo o que há. Portanto, leitor, abra os olhos. Nesta viagem despretensiosa, o autor o conduzirá pelo trânsito das palavras brandas e do desassossego. Na hibridez das composições, os poemas invocam ora coragem, ora desalento. Ora presença, ora saudade. Ora alegria, ora melancolia. E é na sutileza dessas dualidades que se escancara, sobretudo, o humano.

ISABELA ROMEIRO VANNUCCHI.
Autora de "a terça fresta" (ed. patuá, 2015) e
"a cor da gema" (prêmio biblioteca digital 2020)

Adormecemos no sofá
de forma tranquila e carinhosa,
Como se não houvesse lugar melhor para estar,
e realmente não há.
Entre sobressaltos e suspiros,
cabeça no ombro,
mãos pousadas sem intenção
na coxa nua.
Sorte poder estar assim
com quem se quer,
sentindo o cheiro que acalma
e esse calor que dá paz à alma.
A vida poderia ser assim...
carinho verdadeiro,
calorzinho que vela o sono
quando adormecemos no sofá.

Harmoniza com:

 Les Champs-Élysées (Gabrielle Ducomble)

 Don Guerino Sinais Malbec 2020

Muito sobre as mulheres já foi dito,
sua beleza, seu encanto...
Mas pouco falaram sobre seu pranto
e a angústia de um coração aflito.
Mulheres fortes que choram
e as frágeis que lutam
com um mundo que as menospreza.
Reza mulher! Reza!
Olhos vermelhos e um sorriso.
Máscara fina sobre um choro contido.
Levanta a mão para o céu
Quem teve a sorte de ter ou ter tido.

Harmoniza com:

 Unstoppable (Sia)

 Santa Marguerita Pinot Grigio 2019

Uma mentira
dita de forma convincente
convence mais
que uma verdade
dita de forma displicente.
INFELIZMENTE

Harmoniza com:

 I Drink Wine (Adelle)

 La Linda Malbec 2020

Uma vez me disseram
que o amor a gente não entende,
só sente.
A gente sente, ressente,
bagunça, ri, chora,
transcende.
Deus criou e a gente deu nome.
Isso, aquilo, aquele, aquela...
Sigilo.
Um é pouco,
dois, uma maravilha,
três... um espetáculo!
Quem entende?
Assim é o homem, mulher,
ou os dois, ou nenhum,
ou os dois em um.
Achando que sabe, que domina,
que não precisa de ajuda.
Mal sabe ele que muito mais ama
quem se deixa ensinar,
não quem ensina!

Harmoniza com:

 Heartbeats (José Gonzáles)

 DV Catena Cabernet-Malbec 2009

A dor sem causa,
que não é de dente
mas é de dentro.
É a dor da alma.
Te tira o sono,
te embala à tarde
tipo música ruim, mal tocada.
A cabeça dói, e dói a carne.
Começa de leve, sem intenção,
assim, como quem não quer nada.
Aí está você de olho aberto...
Você e a madrugada.
A noite vela, mas também assusta,
quem sonha e quem vigia.
A companhia certa na hora certa.
Não há medo que resista;
não há mal que não PUF...

Harmoniza com:

 Tip of my tongue (John Hiatt)

 Mosquita Muerta Blend de Tintas 2017

E assim vou eu...
achando que sei sem saber nada,
segurando o choro
na hora da gargalhada,
procurando o norte
com a minha bússola quebrada.

Harmoniza com:

 Hoist the Colours (Colm R. McGuinness)

 Casillero Del Diablo Black Cabernet Sauvignon 2021

Aos que sofrem calados,
aos que calam sofrendo.
Esse ai ó!
Do seu lado.
Esse ai ó!
Tremendo.
Mendigo ou "mindingo",
não importa,
tá valendo.
Presta atenção!
Amigo ou não,
mostrando ou escondendo.
Lá vai mais um pra lista,
fingindo que não tá vendo.

HARMONIZA COM:

 Canción para un niño en la calle (Mercedes Sosa, René Pérez)

 Família Aicardi Blend Reserva 2016

Pus a mão no bolso para procurar alguma coisa para tirar o gosto amargo da boca. Encontrei ressentimentos enrolados em um papel amassado, que do mesmo jeito ficaram lá guardados.

Achei fantasmas tentando fugir por uma costura aberta, os escondi para a hora certa.

Um papel colorido com balões e um coração, tão doce! Amor macio que acalma só de tocar a língua. Achei o que eu queria.

No outro bolso furado senti a mão na pele. Lembrei de colocar no lado certo o que presta e do lado "certo" o que nos resta.

Harmoniza com:

 Love me more (Sam Smith)

 La Nave Primitivo Puglia IGP

Meu pé procurando o seu
embaixo do cobertor.
Minha mão pegando na sua,
às vezes fria,
às vezes nua.
Assim que eu sempre sonhei;
noite gelada
mas meu peito sua.
E assim aconteceu,
Dormi sem querer nada
e acordei apaixonado.

Harmoniza com:

 You are the reason (Calum Scott)

 Alma Negra 2017

E esse coração que não me ouve.
Fica mudo quando devia falar,
fica surdo quando grito.
Faz o que te digo!
Pensando bem...
Coração não tem ouvido!
AAAAHHHHH!!!!!!
Quem não quer ouvir sou eu!

Harmoniza com:

 Whisper in her ear (The Milk Carlton Kinds)

 Miolo Single Vineyard Pinot Noir 2019

E a gente vai deixando pra lá
aquela vontade de dar um oi;
um abraço apertado que era pra agora,
não pra depois.
Tudo aquilo que emoldura a vida,
dá frio na barriga.
Tipo aquele beijo que demora acontecer,
mas quando rola arrepia.
Quanto mais longe... saudade.
Quanto mais perto... vontade.
Mas vamos deixando pra lá,
até que não seja mais verdade.

Harmoniza com:

 Killing me softly with his song (Fugees, Ms. Lauryn Hill)

 Marques de Casa Concha Cabernet Sauvignon 2017

A verdade que não é minha nem sua.
Te faz de bobo.
Uma hora é certeza,
outra hora fraqueza, flutua.
Entra na sua mente e mente;
entre ideias e palavras entrementes.
Sofre pra te convencer,
e quando convence
é mais uma dúvida frequente.
Amarga de engolir,
difícil de ouvir.
Dura como a despedida que se aproxima.
A verdade quanto mais te dói mais te ensina.

Harmoniza com:

 More than you give me (Mica Millar)

 Don Guerino Teroldego Origine 2020

Mostra o que te esconde!
O que molha esses olhos tristes;
o que te tira o sono.
Põe pra fora o que tá na cabeça;
porque mesmo que o tempo te esqueça,
O coração sempre procura um dono.
Talvez o que está guardado
é o que te faz mais bonito.
Sai de trás do muro,
mete a cara! Coragem!
O que você acha é importante,
o resto é bobagem.
Sempre tem um porquê
para ficar calado ou falante,
triste ou feliz.
Tem coisa que a gente guarda.
O que às vezes te afasta
te traz pra perto quando você diz.

Harmoniza com:

 Worry no more (Amos Lee)

 Luccarelli Primitivo Puglia

Muda...
Muda de ideia,
muda de roupa,
muda de namorada,
muda de time,
muda do nada.
Faça isso quantas vezes precisar;
até que encontre alguém
que te faça perceber,
mesmo sem querer,
que mudar te leva além.
Mas mesmo assim
não deixe de mudar.
Seja porque você quis
Ou porque te fizeram pensar.

Harmoniza com:

 If you ever change your mind(Callum Scott)

 Gem Pays D'oc France

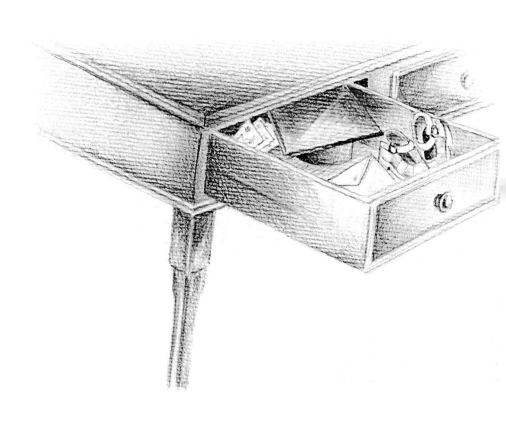

Pode parecer impossível, mas não é.
Seja por teimosia ou pela fé.
Sabe lá aonde você quer chegar?
Se não for de avião vai a pé.
O tempo cobra um preço alto
por todos os sonhos que ficaram na gaveta.
Uma hora ele te lembra,
antes que ele te esqueça.
Hoje é o tempo, depois a sorte.
Todo mundo tem uma desculpa
pra não fazer o que devia,
pra culpar a vida por não ser justa.

Harmoniza com:

 Imagine (Chris Kläfford)

 El Enemigo Cabernet Franc 2016

Sempre que estiver sofrendo
serei teu ombro!
Sempre que estiver chorando
serei teu colo!
Sempre que estiver escuro
olhe para frente.
Estarei lá,
com a luz que te guia
e o abraço que te aquece!

Harmoniza com:

 Sweet Annie – Live Acoustic (Maoli)

 Altos Las Hormigas Malbec 2019

Todas as músicas estão disponíveis na plataforma
Spotify na playlist *Despretensiosamente*